So kommt die Kastanie auf den Baum
Band 7 der Reihe
„Schauen und Staunen“

Velber Verlag

Coverfoto Kastanie: Arco Digital Images
Fotos: Frank Hecker
Text: Katrin Hecker
Illustrationen: Melanie Garanin
Redaktion: Birgit Oesterle
Layout: Anja Schmidt
Repro: PrePress Baun
Druck und Bindung: Proost, Belgien

ISBN-10: 3-86613-519-X
ISBN-13: 978-3-86613-519-2

velber

Foto-Sachgeschichten

Schauen und Staunen

So kommt die Kastanie auf den Baum

Pflanzen und Tiere im Jahreslauf

velber

INHALT

Woher hat
der „Klapperstorch“ seinen Namen?
Wenn Störche sich begegnen, werfen sie die Köpfe zurück und klappern zur Begrüßung laut mit den Schnäbeln. Männchen klappern auch, um Weibchen anzulocken.

Nach Afrika und zurück: Die Störche sind da!

Lange rote Beine und langer roter Schnabel – im Frühling staksen die Störche wieder über unsere Wiesen! Viele haben eine weite Reise hinter sich. Sie kommen aus Afrika und sind 10000 Kilometer geflogen. Schau, wie sie das Jahr verbringen.

Die ersten Heimkehrer sind die Männchen. Nach dem langen Flug aus Afrika haben sie großen Hunger. Ihre wichtigste Nahrung im Frühling sind Regenwürmer und Insektenlarven. Die stochern sie mit ihren roten Schnäbeln aus der Erde.

So ein langer Schnabel ist praktisch. Damit kann man auch noch andere Sachen machen: zum Beispiel dicke Büschel trockener Halme und Zweige sammeln. Was hat der Storch damit vor?

1

Fotos: Frank Hecker; Text: Katrin Hecker

2

Der Storch baut ein Nest! Hoch oben auf einem Dach webt er Halme und Zweige zusammen. Nach einer Woche ist das Nest fertig.

3

Jetzt wartet der Storch auf sein Weibchen. Er hält das Nest ständig besetzt. Damit nicht ein anderer Storch kommt und ihm das Nest wegnimmt.

4

Dann ist das Weibchen endlich zurück. Nach der Paarung beginnen die Eier im Bauch der Störchin zu wachsen. Bald liegen vier große Eier im Nest.

5

Einen Monat lang brüten die Störche auf ihren Eiern. Männchen und Weibchen wechseln sich ab. Sie halten die Eier warm und schützen sie vor Regen.

Mitte Mai schlüpfen die Küken aus ihren Eiern. Einer der Eltern passt auf die Kleinen auf, der andere schafft Futter heran.

6

Warum waten Störche durch die Sümpfe?
Nur auf sumpfigen Wiesen finden die Storcheneltern weiche Nahrung für ihre Kleinen wie Regenwürmer und Frösche.

Mit drei Wochen stehen die Küken im Nest. Ihre Beine sind aber noch viel kürzer als die der Eltern und auch ihre Schnäbel und Flügel!
Die Eltern füttern sie weiter. Sie können für die Kleinen jetzt schon Mäuse, Heuschrecken und Käfer auf trockenen Wiesen und Feldern fangen.
Ende Juli verlassen die Küken ihr Nest.

Wenn der Sommer zu Ende geht, sind die Küken zu großen Störchen herangewachsen. Sie sammeln sich in kleinen Gruppen auf den Wiesen und fressen sich noch mal ordentlich satt.

Den Winter über finden die Störche bei uns nicht genug zu fressen. Darum starten sie im September zu einer langen Reise. Etwa 10000 Kilometer fliegen sie in den nächsten zwei Monaten, bis sie in ihrem Winterquartier in Afrika sind.

9

Im November, wenn es bei uns schon kalt ist, kommen die Störche in Südafrika an. Hier schließen sie sich oft zu großen Gruppen zusammen. Manchmal sieht man hunderte oder tausende Störche an einer Wasserstelle!

Um vor Raubtieren sicher zu sein, schlafen die Störche in Afrika auf den Bäumen.
Bis Februar bleiben sie in ihrem Winterquartier: Dann kommen sie wieder zu uns zurück und brüten.

10

Wo sind die Vögel im Winter?

Nicht alle Vögel ziehen im Winter nach Afrika. Manche fliegen nur bis nach Spanien, viele bleiben hier. Und andere kommen jetzt von weit her zu uns!

Als riesiger Pfeil nach Spanien

Am Ende des Sommers sammeln sich Kraniche in großen Gruppen. Sie fressen und fliegen dann gemeinsam in ihr Winterquartier. Am Himmel bilden sie tolle Pfeilmuster. So ziehen sie bis nach Spanien. Da finden sie reichlich heruntergefallene Oliven und Eicheln. Davon werden sie gut satt.

Rekord als Langstreckenflieger

Küstenseeschwalben brüten oft an der Nordsee. Sie fliegen die weiteste Strecke, um in ihr Winterquartier zu kommen: vom Norden hinunter in die Antarktis. Und im Frühling wieder zurück. Das sind 40 000 Kilometer. So viel wie einmal um die ganze Welt!

Vor dem Winter futtern

Rotkehlchen futtern im Herbst Heckenfrüchte: Nur wenn sie sich genug Fett zulegen, überstehen sie den Winter bei uns. Denn im Schnee finden sie nicht viel zu fressen. Manche Rotkehlchen fliegen aber auch ans Mittelmeer, um da zu überwintern.

Winterurlaub bei uns

Manche Vögel kommen im Winter zu uns! Seidenschwänze brüten hoch im Norden, in Skandinavien und Sibirien. Wenn sie dort nichts mehr zu fressen haben, fliegen sie Richtung Süden – bis zu uns. Hier finden sie noch Früchte in Büschen und Hecken.

Wie kommt der Löwenzahn
zu seinem Namen?
Seine Blätter sind scharf gezackt
wie die Zähne eines Löwen.
Aber ungefährlich!

So bekommt der Löwenzahn Kinder

Hast du schon einmal in eine Pusteblume gepustet? Dann hast du 100 oder noch mehr Löwenzahnkinder auf eine spannende Reise geschickt. Und wo kommen die Löwenzahnkinder her? Schau es dir an!

1

Im April wachsen an langen Stängeln Knospen aus den Löwenzahnblättern. Noch sind sie fest verschlossen.
So sind die zarten Blütenblätter in den Knospen vor Kälte und Regen geschützt.

2

Fotos: Frank Hecker; Text: Katrin Hecker

Schon an den ersten warmen Tagen im Frühling öffnet der Löwenzahn seine Knospen.
Leuchtend gelbe Blütenblätter kommen zum Vorschein.

Bald öffnen sich die Blüten und recken sich der Sonne entgegen.
Und bei schlechtem Wetter?
Da schließen sie sich einfach.

Eine Löwenzahnblüte besteht aus über 100 einzelnen kleinen Blütchen. Jedes hat ein gelbes Blütenblatt. Darin steckt süßer Saft, der Bienen und Hummeln anlocken soll.

Kaum öffnen sich die Blüten, brummen Hummeln herbei. Um an den süßen Nektar zu gelangen, kriechen sie tief in die Blüten hinein. Dabei bleibt Blütenstaub am Pelz der Hummeln kleben.
Sie tragen den Blütenstaub zur nächsten Blüte und bestäuben sie. Nur so kann diese sich zur Pusteblume entwickeln und Samen bilden.

Löwenzahnblüten sind nur wenige Tage geöffnet. Dann schließen sie sich und ihre gelben Blütenblätter vertrocknen.
Gut geschützt reifen jetzt im Inneren der grünen Kelchblätter Samen heran: Das sind die Löwenzahnkinder.
Nach einer Woche gucken oben schon weiße Samenhärchen heraus. Damit können die Löwenzahnkinder ein paar Tage später fliegen!

Sind die Samen reif, öffnet sich die Löwenzahnblüte wieder: Diesmal ist sie weiß! Zuerst sind die weißen Haarbüschel geschlossen. Die Samen selbst kannst du noch nicht sehen, sie sind unten zwischen den grünen Kelchblättern verborgen.

In weniger als einer Stunde öffnen sich die Blüten ganz: Die grünen Kelchblätter klappen zurück und die weißen Haarbüschel spreizen sich. Der Löwenzahn ist zur Pusteblume geworden!

9

Im September ist aus der gelben Blumenwiese eine Pusteblumenwiese geworden!
Wenn du eine Pusteblume jetzt genau anschaust, entdeckst du die braunen Samen.
Sie stecken im Blütenboden wie Nadeln in einem Nadelkissen.

Die weißen Härchen sind kleine Fallschirme.
Jedes Löwenzahnkind hat seinen eigenen Fallschirm.

Mit den Fallschirmen werden die Samen zu tollen Fliegern. Sie können aber nicht alleine losfliegen! Erst wenn Wind weht, beginnt ihre Reise.

10

Auch wenn du auf eine Pusteblume pustest, segeln die Fallschirme los! Wo ein Samenkorn auf der Erde landet, wächst vielleicht ein neuer Löwenzahn.

Nicht aus jedem Samen entsteht eine neue Pflanze. Denn einige Samen werden von Vögeln oder von Mäusen aufgefuttert. Andere Samen landen im Wasser oder auch im Wald, wo es für sie zu dunkel ist zum Wachsen.

Und was macht der Löwenzahn im Winter? Unter der Erde hat er eine lange, dicke Wurzel mit Nährstoffen. Das ist sein Vorrat.

Der Wurzel macht Kälte nichts aus, denn sie überwintert tief in der Erde. Im Frühjahr wachsen daraus wieder neue Blätter und Blüten hervor.

Können alle Blumenkinder fliegen?

Nicht alle Blumenkinder sind Flugkünstler wie die Löwenzahnkinder. Jede Blume hat eigene Tricks, um ihre Kinder, die Samen, in die Welt zu schicken.

Hüpfen und springen

Die Samen des Springkrauts kannst du springen lassen! Berührst du die geschlossene, reife Frucht, platzt sie auf, dass es an den Fingern kitzelt. Blitzschnell rollen sich die Fruchtblätter auf – und schon hüpfen die Samen davon!

Mit dem Ameisentaxi

Die Samen wilder Veilchen heißen auch „Ameisenbrötchen“. Warum denn das? Ameisen schleppen die Samen der Veilchen bis in ihren Bau, futtern die „Schwänzchen“ und tragen die Samen zurück in den Wald. Die mögen sie nämlich nicht. Aus den Samen können neue Veilchen wachsen.

Aus dem Pfefferstreuer

Klatschmohn blüht im Sommer an vielen Wegrändern. Seine Blütenblätter fallen bald ab. Dann wächst aus der Blüte eine Kapsel heran. Wird sie vom Wind oder von vorbeistreifenden Tieren gerüttelt, purzeln oben aus kleinen Löchern runde Samenkörnchen heraus. Fast wie bei einem Pfefferstreuer.

Warum stecken Blumenkinder in harten Samenschalen?
So überstehen sie den Winter gut! Die Samenschale umhüllt sie fest und warm. Erst im Frühling öffnen sich die Samen.

Zum Fressen gern

Walderdbeeren werden von vielen Tieren gern gefressen. Zusammen mit den Samen. Das sind die winzigen Pünktchen auf den Erdbeeren! Manche Samen müssen von Tieren verschluckt werden, bevor sie keimen können. Im Magen und Darm der Tiere lösen sich Schichten vom Samenkorn. Wenn die Samen dann ausgeschieden werden, können sie zu einer neuen Pflanze heranwachsen!

Warum können Eichhörnchen so gut klettern und springen?
Mit den Krallen klammern sie sich fest und kommen dann auch kopfüber die Bäume runter! Den Schwanz brauchen sie zum Ausbalancieren.

Eichhörnchen: im Winter dick, im Sommer dünn

Eichhörnchen sind das ganze Jahr über munter. Sie halten keinen Winterschlaf. Darum sammeln sie im Herbst Vorräte und verstecken sie. Bevor der Winter kommt, wächst ihnen ein dichtes Fell. Wird es ihnen trotzdem zu ungemütlich draußen, kuscheln sie sich in ihr Baumhaus.

Der Frühling ist da! Dem Eichhörnchen fallen die langen, warmen Winterhaare aus. Schließlich würde es mit dem dicken Pelz im Sommer schwitzen. Jetzt sieht es viel dünner aus.

Es hat jede Menge zu tun. Es flitzt die Bäume rauf und runter, beißt Äste ab und baut in den Astgabeln Nester. Kobel heißen diese. Hier kommen im Sommer die Jungen zur Welt.

Fotos: Frank Hecker; Text: Katrin Hecker

3

Mit acht Wochen können Eichhörnchenkinder schon flink klettern und springen. Die Geschwister jagen sich die Stämme hinauf und hinab, spielen Fangen und üben so die Flucht vor Feinden – zum Beispiel vor hungrigen Mardern. Die können zwar auch gut klettern, aber nicht auf dünnen Zweigen von Baum zu Baum hüpfen.

Im Sommer finden Eichhönchen überall leckere Blüten, Samen, Schnecken und Raupen. Manchmal stehlen sie auch Eier aus Vogelnestern. Wenn der Sommer dann zu Ende geht, sind sie gut genährt.

4

Warum haben Eichhörnchen Pinsel auf den Ohren?

Am Ende des Sommers wachsen den Eichhörnchen lange Haare an den Ohren. Sie sehen aus wie Pinsel und gehören zum Winterfell.

Die Blätter färben sich bunt. Es ist Herbst. Das Eichhörnchen findet jetzt viel zu fressen: Von den Bäumen purzeln Haselnüsse, Bucheckern, Eicheln und Kastanien.

Die versteckt das Eichhörnchen in Vorratskammern unter der Erde. Denn auch Mäuse, Wildschweine, Finken und Eichelhäher futtern die Baumfrüchte gern!

Der Winter ist da. Im Schnee kannst du die Fußspuren der Eichhörnchen sehen. Und wo enden sie?

An einem Baum! Hier ist das Eichhörnchen hochgeklettert – zu seinem Kobel. Wenn es kalt und windig ist, rollt es sich darin ganz klein zusammen und deckt sich mit seinem buschigen Schwanz zu.

Was zeigen die Spuren im Schnee?
Vorneweg siehst du den Abdruck der kräftigen Hinterpfoten. Das Eichhörnchen setzt sie im Sprung vor den Vorderpfoten auf. Dahinter ist der Abdruck der kleineren Vorderpfoten.

9

Doch wenn das Eichhörnchen Hunger hat, kommt es wieder raus aus seinem Kobel ...

... und gräbt seine Vorräte aus. Gut, dass es im Herbst so fleißig war!

10

Was machen Säugetiere im Winter?

Manche Säugetiere sind wie das Eichhörnchen im Winter wach und munter. Andere dösen vor sich hin und werden nur aktiv, wenn sie Hunger haben. Manche verschlafen den Winter aber auch voll und ganz.

Sommerkleid und Winterkleid

Brauner Rücken, weißer Bauch: So sieht das Hermelin im Sommer aus. Kommt ein kalter Winter, wächst ihm ein dichter, weißer Pelz. So friert es nicht und kann gut getarnt im Schnee auf Futtersuche gehen. – Die Schwanzspitze ist allerdings immer schwarz!

Winterruhe: Am liebsten dösen

Der Dachs döst im Winter die meiste Zeit in seiner Höhle. Bis der Hunger ihn weckt: Dann kommt der Dachs raus und wühlt auf Wiesen und im Wald nach Larven, Schnecken und Würmern.

Echte Winterschläfer

Fledermäuse verschlafen den ganzen Winter. Wie alle echten Winterschläfer senken sie dabei ihre Körpertemperatur bis auf Null Grad oder darunter! So verbrauchen sie kaum Energie.
Im Frühjahr wachen sie innerhalb weniger Stunden wieder auf!

Sieben Monate schlafen

Der Siebenschläfer futtert sich im Herbst dick und rund. Im Oktober rollt er sich in einem gemütlichen Versteck zusammen, um sieben Monate lang zu schlafen!

Bitte nicht wecken!

Der Igel sucht im Herbst ein Versteck unter Reisig und Laub. Wie andere Winterschläfer darf er nicht geweckt werden! Wach sein macht hungrig. Doch im Winter findet er kein Futter.

Wie viele Finger
hat ein Kastanienblatt?
Kastanienblätter sehen aus wie große Hände. Die meisten haben sieben Finger, manche auch nur fünf oder sechs. Durch die Adern fließen Wasser und Nährstoffe. Das holt der Baum mit seinen Wurzeln aus der Erde!

So kommt die Kastanie auf den Baum

Im Herbst plumpsen tausende von Kastanien auf die Erde. Das sind die Samen vom Kastanienbaum. Aus jeder Kastanie kann ein neuer Baum heranwachsen, der im Sommer blüht und im Herbst wieder voller Kastanien hängt. Schau, wie die Kastanien auf den Baum kommen.

Schon im Winter tragen die Zweige des Kastanienbaums Knospen. In jeder Knospe schlummern mehrere Kastanien! Sie sind nur noch nicht fertig.

1

Im April werden die Knospen immer dicker und klebriger. Ein warmer Sonnentag genügt und die ersten Knospen öffnen sich.

2

Fotos: Frank Hecker; Text: Katrin Hecker

Aus der Knospe reckt sich eine grüne Blütenrispe nach oben. In jedem ihrer Kügelchen steckt eine Blüte. Langsam entfalten sich auch die Kastanienblätter.

Im Mai öffnet der Kastanienbaum seine Blüten. In jeder Blütenrispe stehen viele Blüten dicht gedrängt. Die bunten Blütenblätter locken Bienen und Hummeln an.

Was für Fäden
schauen denn da aus der Blüte heraus?
An ihrem Ende klebt roter Blütenstaub.
Der längste Faden ist weiß. Das ist der Stempel.
Die Blüten duften süß. Auf ihrem Grund
ist Nektar versteckt. Das ist
süßer Blütensaft.

5

6

Im Juni stehen die Kastanienbäume in voller Blüte. Jeder Baum trägt mehr als 3000 Blütenrispen!
Von weitem sehen sie aus wie Kerzen am Weihnachtsbaum. Deshalb heißen sie auch Blütenkerzen.

Jetzt braucht der Baum die Hilfe von Bienen und Hummeln. Sie saugen den Nektar aus den Blüten. Dazu kriechen sie in die Blüte und werden hier mit Blütenstaub eingepudert. Den nehmen sie mit zur nächsten Blüte. Gelangt er dort auf den Stempel, beginnt eine Kastanie zu wachsen.

7

Die Blütenblätter werden nun nicht mehr gebraucht. Sie welken und fallen ab.
Wo Blüten waren, wachsen winzige grüne Kastanien mit weichen Stacheln. Ende Juni sind sie schon so groß wie ein kleiner Flummi.

8

Im Sommer reifen die Kastanien. Die stachelige Hülle wird langsam braun.

Im September platzt sie dann auf. Kannst du die Kastanie entdecken?

Im Oktober purzeln die Früchte vom Baum. Die Hüllen springen auf: Heraus kullern glänzende braune Kastanien.

9

10

Wenn der Winter kommt, hat der Kastanienbaum alle Aufgaben erfüllt: Er hat seine Knospen geöffnet und die Blätter entfaltet, er hat geblüht und Früchte reifen lassen. Nun welken die Blätter und fallen ab. Wenn es kalt ist, wächst der Baum nicht, dann braucht er auch keine Blätter.

11

Im nächsten Frühling wachsen wieder Knospen am Kastanienbaum. Und unten, in der Erde, wo die Kastanien gelandet sind, geschieht ein kleines Wunder. Aus der alten Kastanie wächst ein zartes Pflänzchen heraus: ein neuer, kleiner Kastanienbaum!

12

13

14

Warum werfen Bäume ihre Blätter ab?

Die Bäume würden im Winter verdursten, denn die Blätter ziehen Wasser aus dem Stamm. Und der kann aus dem eisigen Boden kein neues holen. Außerdem würde der Schnee so schwer auf den Blättern lasten, dass die Äste sie nicht tragen könnten.

Wo kommen die Bäume her?

Kastanien plumpsen vom Baum. Doch der Platz unter dem Baum ist zum Wachsen nicht besonders günstig. Hier ist es immer schattig! Darum sorgen andere Bäume dafür, dass ihre Früchte an einem besseren Plätzchen landen und dort zu neuen Bäumen heranwachsen.

Verschleppt und verloren

Auch auf Rotbuchen wachsen die Früchte in stachligen Hüllen. Die platzen im Herbst auf und Bucheckern fallen heraus. Mäuse und Finken futtern sie. Oder sie verschleppen sie nur. Daraus können dann Bäume wachsen.

Vergraben und vergessen

Auf Eichen wachsen Eicheln. Sind sie reif, lösen sie sich von ihren Hütchen und fallen herab. Eichhörnchen und Eichelhäher vergraben sie als Vorräte. Da sie nicht alle Eicheln wiederfinden, keimen im Frühling neue Eichen.

Was fliegt denn da?
Birkenfrüchte sind so klein wie dein kleinster Fingernagel und federleicht. Mit ihren durchsichtigen weißen Flügeln schweben sie davon.

Verschmäht und liegen gelassen

Die saftigen Äpfel locken die Tiere an. Beim Naschen lassen sie die Kerne übrig, denn die schmecken ihnen nicht. Aus diesen Kernen können im nächsten Frühjahr neue Apfelbäumchen wachsen.

Verweht vom Wind

Ahornsamen können fliegen: Immer zwei kleben oben zusammen, jeder hat einen Flügel. Beim Fallen drehen sich die leichten Flügel wie Propeller um die schwereren Samen herum. Der kleinste Windhauch trägt sie fort.

Warum hast du so große Augen?
Ein Libellenauge besteht aus 30000 winzigen Augen, die wie ein Mosaik zusammengesetzt sind. Damit sehen Libellen jede Bewegung. Pfeilschnell fliegen sie los, wenn sie eine Mücke entdecken, und fressen sie oft im Flug.

Woher tauchen plötzlich die Libellen auf?

Rote, gelbe, blaue: Im Sommer flitzen überall bunte Libellen über die Teiche und Seen. Woher kommen die Libellen jedes Jahr? Und wo sind sie im Winter? Schau, wie sie leben und sich verwandeln.

Fotos: Frank Hecker; Text: Katrin Hecker

Am Grund des Sees lebt ein kleines Tier mit sechs Beinen: ein Libellenkind. Libellenkinder heißen Larven. Seit zwei Jahren lebt es hier. Im Mai wird es ganz unruhig und läuft hin und her. Was hat es vor?

Das Libellenkind sucht sich einen Stängel, an dem es nach oben krabbeln kann. Es will raus aus dem Wasser. Ganz fest krallt es sich an den Stängel, um nicht wieder ins Wasser zu fallen. Gleich wird es sich verwandeln!

3

4

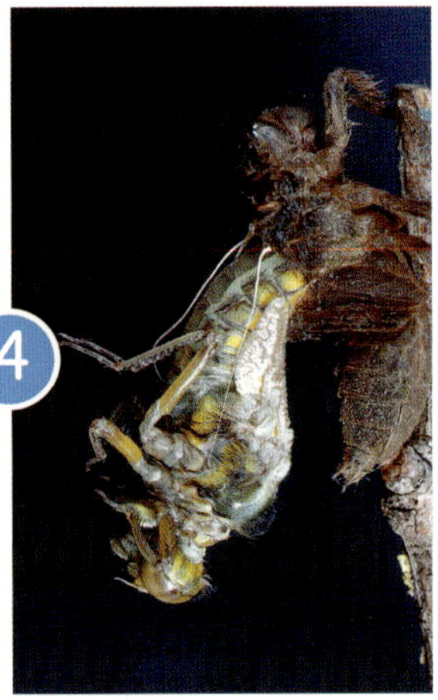

5

6

Die Haut am Rücken platzt oben plötzlich auf! Die Larve schiebt den Kopf heraus. Sie will wachsen. Dafür muss sie aus der Haut schlüpfen, denn die ist starr wie ein Ritterpanzer.

Eine Stunde später ist die Larve draußen. Auf dem Rücken hat sie kleine Flügelspitzen. Sie pumpt Blut in die zerknitterten Flügel. Langsam falten sie sich auseinander.

7

Aus der Larve ist eine Libelle geworden! Sie hat vier durchsichtige Flügel mit vielen Äderchen. Schon nach wenigen Minuten kann sie fliegen!

8

Im Spätsommer ist Libellenhochzeit. Dann bilden die Libellen im Flug ein Rad. Dabei befruchtet das Männchen die Eier des Weibchens.

9

Libellenweibchen legen ihre Eier ins Wasser. Manche werfen sie hinein. Andere stechen sie in Wasserpflanzen ein.

Wo ein Ei liegt, sieht das Blatt bräunlich aus. Bei den meisten Libellen schlüpft nach drei bis vier Wochen eine Larve.

10

Im Winter fliegen keine Libellen mehr. Neue Libellen warten als Larven am Grund von Seen und Teichen auf den Frühling. Manche kommen im nächsten Frühling heraus, andere warten ein paar Jahre.

Wo sind die Insekten im Winter?

Wo sind eigentlich die Käfer, Schmetterlinge, Bienen und Hummeln im Winter? Und wo kommen sie im Frühling her?

Bei Kälte kuscheln

Marienkäfer kuscheln sich im Herbst in einem frostsicheren Versteck auf Dachböden oder unter Steinen zusammen. Denn kuscheln wärmt. Im April sind sie dann wieder unterwegs.

Summen und brummen hält warm

Bienen überwintern im Bienenstock. Da kannst du sie manchmal summen und brummen hören. Dadurch halten sie sich warm.

Im Winter gut versteckt

Viele Schmetterlinge überwintern als Ei, Raupe oder Puppe. Aber nicht der Kleine Fuchs. Er verbringt den Winter als fertiger Schmetterling in einem gut geschützten Versteck. Schon früh im Frühling fliegt er los und legt Eier. Im Mai schlüpfen daraus Raupen. Sie fressen und fressen und spinnen sich zu einer Puppe ein. Aus ihr schlüpft im Sommer ein neuer Schmetterling. Der fliegt umher, bis der Winter kommt ...

Mit Frostschutzmittel

Der Zitronenfalter hat einen ganz besonderen Trick, um den Winter zu überstehen: Er bildet in seinem Körper ein Frostschutzmittel. So friert er nicht ein und braucht auch kein Versteck. Er bleibt einfach auf seinem Stängel sitzen. Auch wenn er eingeschneit wird. Im Frühling ist er dann als einer der ersten Schmetterlinge unterwegs.

In der Reihe „Schauen und Staunen“ sind bereits folgende Titel erschienen:

So wird die Rübe zu Zucker
Wie Lebensmittel entstehen
Band 1

ISBN 978-3-86613-504-8

So baut der Biber die Burg
Tiere und ihre Häuser
Band 2

ISBN 978-3-86613-501-7

So kommt die Welt auf den Globus
Wie alltägliche Dinge entstehen
Band 3
ISBN 978-3-86613-502-4

So forscht der Astronaut
Berufe: Wer macht was?
Band 4

ISBN 978-3-86613-503-1

So werden Küken, Kitz und Äffchen groß
Wie Tierkinder erwachsen werden
Band 5
ISBN 978-3-86613-513-0

So kommt das Wasser in die Leitung
Wie der Alltag funktioniert
Band 6
ISBN 978-3-86613-514-7